AF359274

(Voyez ci après La 54e pièce,
Alphonsine, ou la tendresse maternelle)
—

Le Mariage à coups de Pierre,
Bluette de Circonstance, à propos
des Pierres tombées de la Lune,
dont tout le monde s'occupait
alors. La pièce n'a été
jouée qu'après Alphonsine
qui est La 54eme.

LE MARIAGE

A COUPS DE PIERRES,

VAUDEVILLE EN UN ACTE,

PAR MM. HENRION ET *** (Du Merban)

Représentée pour la première fois à Paris, sur le Théâtre de la Gaîté, le ~~30 Avril~~ 19 Mai 1806.

A PARIS,

Chez ALLUT, Impr.-Libraire, Propriétaire du Journal de la Vraie Théorie Médicale, rue de la Harpe, n° 93, Collége Bayeux;
ET chez FAGES, au magasin de pièces de théâtre, boulevard St-Martin. n°. 29.

1806.

PERSONNAGES.

BEZOARD.	M. Paschal.
ROSE, sa pupille.	Mlle Leblanc
SAINVILLE, amant de Rose.	M. St. Victor.
ALKALIN, valet de Bezoard.	M. Dumenis.

(La Scène est à l'Aigle, département de l'Orne.)

E R R A T A.

Page 8, le couplet commençant par ces mots : *Une femme n'a pas besoin*, doit être chanté par ROSE.

Page 9, ligne 1 le nom de l'interlocuteur a été oublié mettez BEZOARD. *Idem*, ligne 31, la *corne* ; lisez la cornue.

Page 10, scène 8, Rose dans le jardin, Sainville derrière s a nêtre.

Page 13, ligne 1, de vos *météories*, lisez météores.

Page 14, vers 2 du couplet, *pour ces célestes régions*, lisez ; pour les célestes, etc.

Page 15, vers 5 du couplet, qu'm'importe, lisez, que m'importe.

Page 24, premier vers du dernier couplet, tous les deu; lisez, tous les deux.

LE MARIAGE,

A COUPS DE PIERRES.

Le Théâtre représente un jardin , d'un côté la maison de M. Bezoard, de l'autre , le derrière d'une maison louée par Sainville, une fenêtre donne sur le jardin.

SCENE PREMIERE.

ALKALIN, *seul , un paquet de journaux à la main, et parlant à la cantonade.*

JE vous dis que vous êtes une bête, que vous n'aurez plus notre pratique, je ne veux pas me servir d'un entêté. C't'animal, qui ne veut pas croire qu'on peut faire de l'or avec du cuivre; il ne sait donc pas que nous sommes dans l'année des miracles. On ne doute pas plus de cela aujourd'hui que du cheval qui s'est promené sur les tours Notre-Dame, et de l'homme qui mange les métaux et des pierres tombées du ciel. J'apporte tous les journaux qui parlent là-dessus.....Quel paquet!

Air : de Sophie.

Voilà le journal de Paris,
Les Débats, et le Publiciste;
En voilà tant que je ne puis
En faire exactement la liste :
Mais lorsque sur un pareil cas
A parler chaq' journal s'applique,
Faut-il que l'seul qui n'en parl' pas
Soit justement le Véridique.

Mon maître, M. Bézoard, ce grand Alchimiste, qui ne m'a pris à son service, que parce que je suis un retors dans la science de l'histoire naturelle de la nature, s'ra sans doute satisfait de ma définition sur le phénomène céleste de notre terre.... Les savans de Paris voudraient nous faire la barbe; mais les habitans de l'Aigle planent sur eux......

SCENE II.

ALKALIN, SAINVILLE.

SAINVILLE, *entrant avec mystère.*
LA porte est ouverte, profitons-en...

ALKALIN.
J'entends quelqu'un, que voulez-vous, Monsieur?

SAINVILLE.
La porte est ouverte, et j'entre comme vous voyez.

ALKALIN.
Oui, mais je vais la refermer, et si vous vouliez sortir auparavant.

SAINVILLE.
Un moment, n'est-ce pas ici que demeure M. Bézoard ?

ALKALIN.
Grand Alchimiste, je suis son élève et son factoton; c'est un homme très-savant, plein d'esprit, et, comme on dit, qui s'assemble se ressemble, il m'a pris avec lui et m'a donné sa confiance.

SAINVILLE.
Vous la méritez sans doute à tous égards. Ce M. Bézoard votre maître, n'a t-il pas fait publier qu'il donnerait un prix à celui qui serait assez heureux pour trouver la pierre philosophale ?

ALKALIN.
Oui, il a fait mettre cela dans les journaux, il y a plus de six mois.

SAINVILLE.
Eh bien, c'est là ce qui m'amène.

ALKALIN.
Est-ce que vous l'avez trouvée ?..

SAINVILLE.
Pas tout-à-fait encore, mais j'espère que je n'en suis pas loin.

ALKALIN.
Ah çà, expliquez-moi donc ce que c'est que cette

(3)
pierre philosophale que mon maître desire tant.

S A I N V I L L E.

Mais il faudrait que l'on fût d'accord là-dessus, et c'est ce qui ne sera pas de long-temps.

Air : *Si Dorilas.*

Si la pierre Philosophale,
Est le secret pour être heureux,
Pour donner une humeur égale
A tous nos jeunes amoureux
Pour rendre les femmes sincères,
Et moins vaines de leurs appas,
Ah ! Messieurs, ne la cherchez guères
Car vous ne la trouverez pas.

A L K A L I N.

Si la pierre Philosophale
Est un secret plus précieux
Pour rendre juste la cabale,
Les auteurs plus judicieux,
Les journalistes moins sévères,
Les parvenus plus délicats ;
Ah ! Monsieur, ne la cherchons guères !
Car nous ne la trouverons pas.

S A I N V I L L E.

Faites-moi le plaisir de prévenir M. Bezoard, que je desire lui parler.

A L K A L I N.

Ah ! dans ce moment ci.. impossible, il souffle son charbon pour faire de l'or, et je ne puis le déranger dans cette importante occupation.

S A I N V I L L E.

Faire de l'or, dites-vous, et avec quoi ?

A L K A L I N.

Avec du cuivre, du plomb, du sable ; c'est encore la pierre Philosophale.

S A I N V I L L E.

Mais est-ce qu'il est seul dans cette maison ?

A L K A L I N.

Non, il y a sa pupille et moi.

S A I N V I L L E, (*à part.*)

Rose est ici, bon ! voilà mes soupçons confirmés.

ALKALIN.

Qu'est-ce que vous dites donc ?

SAINVILLE.

Et vous n'avez pas d'autres personnes qui pourraient la suppléer ?

ALKALIN.

Non, je vous dis, nous ne sommes que nous trois.

SAINVILLE, (à part.)

Je n'ai plus rien à craindre pour mon projet. (*Haut.*) Eh bien, je repasserai. Vous direz à votre maître que nous poursuivons tous deux le même objet ; que j'espère réussir à l'attraper.

ALKALIN.

Mon maître ?

SAINVILLE.

Non, le but auquel nous tendons tous les deux ; et que je le prie d'apprêter la récompense qu'il a promise à celui qui aurait trouvé la pierre Philosophale.

ALKALIN.

Je lui dirai.

SAINVILLE, *allant du côté de la maison.*

Sans adieu.

ALKALIN.

Où allez-vous donc ?

SAINVILLE.

N'est-ce pas par là qu'on sort.

ALKALIN.

Ah ben oui, vous alliez tout droit à l'appartement de Mlle Rose.

SAINVILLE, (à part.)

Bien, ma fenêtre est justement en face, tout seconde mes desseins. (*Haut.*) Pardon, je ne connais pas encore les êtres.

ALKALIN, *le reconduisant.*

N'y a pas de mal, adieu, Monsieur.

SCÈNE III.

ALKALIN, *seul.*

IL a l'air bien jeune pour avoir trouvé la pierre Philosophale.... ah ! c'est p't-être une pierre fausse.

J'ai envie de me mettre aussi à la chercher, qui est-ce qui sait? il n'faut qu'un coup d'bonheur, c'est comme à la loterie... Ah! v'la M. Bezoard, si j'avais su j'n'aurais pas renvoyé ce Monsieur.

SCÈNE IV.

BEZOARD ALKALIN.

BEZOARD.

AH! te voilà, eh bien! m'apportes-tu ce que je t'ai demandé.

ALKALIN.

Oui, Monsieur, v'là vos journaux: il vient de venir un jeune homme qui voulait vous parler, j'lai renvoyé.

BEZOARD.

Tu as bien fait, je ne veux pas de jeunes gens ici.

ALLALIN.

Il disait qu'il vous apportait la pierre Philosophale.

BEZOARD.

Diable! mais fallait m'appeler, tu as mal fait de le renvoyer.

ALKALIN.

Il a dit qu'il reviendrait, ne vous fâchez pas.

BEZOARD.

M'as-tu trouvé dans le village, des pierres tombées du ciel.

ALKALIN.

On n'en trouve plus! elles sont devenues rares... comme la probité.

BEZOARD.

Que penses-tu de ce phénomène-là,...mon ami.

ALKALIN.

Il peut bien se faire, not'maître, qu'on repave la voie lactée, et que ce soit quelque avarie de la grand'route.

BEZOARD.

Je ne le crois pas pour six raisons. La première, c'est que la voie lactée est une mer de lait, et qu'on ne pave pas sur du lait; la seconde....

ALKALIN.

En ce cas là, je vous dispense des cinq autres.

BEZOARD.

Quant à moi, je te l'ai déjà dit, je crois que c'est la pierre Philosophale qui nous descend ainsi des régions célestes; mais toi, dis-moi ce que tu en penses, c'est du choc des opinions que jaillit l'étincelle des lumières.

ALKALIN.

Air : J'ai vu partout dans mes voyages.)

C'pourrait ben être un métaphore,
Ou quelque chose de pareil;
Ces pierres pourraient bien encore
V'nir de la lune ou du soleil.
Moi, sans avoir lu Zoroastre,
Nostradamus et d'aut'savans,
Je crois qu'on n'peut voir sans désastre
Tomber des *pierres* sur *les gens.*

BEZOARD.

Et dans la ville, qu'en dit-on, que pensent les gens de l'Aigle?

ALKALIN.

Air : du vaud. de l'Avare.

Je leur parlais d'un air capable
De ces phénomènes nouveaux ;
Ils traitaient mes discours de fable.

BEZOARD.

Ils n'ont donc pas lu les journaux.

ALKALIN.

Ces choses leur sont inconnues :
Quand on leur dit qu'il est réel
Que des pierres tombées du ciel ;
Ils ont l'air de tomber des nues.

BEZOARD.

Tout ce qui est au-dessus de l'intelligence du vulgaire est révoqué en doute.... Mais nous ne sommes pas de ces incrédules ; les profondes études que nous avons faites, nous ont mis à même de connaître tous les secrets de la nature.

ALKALIN.

Nous sommes pis que des sorciers, nous n'avon

pas nos pareils pour lire dans le livre des songes.

BEZOARD.

Il n'y a qu'une seule chose qui m'embarrasse.

ALKALIN.

Je sais ce que c'est, votre amour pour votre pupille, Mlle Rose.

BEZOARD.

Ah ! si je pouvais parvenir à lui plaire.

ALKALIN.

Ce serait pour vous la vraie pierre Philosophale.

BEZOARD.

Ce Sainville qu'elle a connu chez sa tante, ne lui sort pas de la tête.

ALKALIN.

Pas plus que ses deux yeux.

BEZOARD.

Elle prétendait le faire venir à l'Aigle, mais j'y ai mis bon ordre.

ALKALIN.

Peste ! on n'est pas des dindons à l'Aigle : mais monsieur Bezoard, depuis le temps que vous y pensez, comment n'avez-vous pas encore trouvé un secret pour vous faire aimer de Mlle Rose ?

BEZOARD.

Va lui dire de descendre.

ALKALIN.

Je vais la chercher. (*Il sort.*)

SCENE V.

BEZOARD, *seul.*

PENDANT que je suis seul, voyons mes journaux... *D'Espagne.* On remarque ces mots, dans la lettre d'un époux de Madrid. Heureux qui n'a d'autres cornes que celles de son chapeau ! *Des Antipodes.* Ces gens là voudraient savoir si ce sont eux ou nous qui avons la tête en bas.... *Réponse par le journal.* Ma foi, je leur répondrai qu'ils sont aux Antipodes du bon sens... *De Paris.* Fille perdue...Carlin trouvé....pour de l'argent, on peut ravoir le tout. Ha, ha ! Que vois-je !

Air : *Appelé par le dieu d'amour.*
Snr une grande affiche on lit :
Mégalantropogénésie ,
Art de faire un enfant d'esprit.
Il mérite qu'on l'apprécie :
Cependant c'est un grand malheur,
Et pour notre siècle une perte
Que le cher pèrede l'auteur ,
N'ait pas fait cette découverte.

SCENE VI.
BEZOARD, ROSE.

ROSE.
ALKALIN vient de me dire que vous me deman-
diez, Monsieur , je me rends à vos ordres.

BEZOARD.
Mes ordres , mignonne ! dis donc mes prières , tu
restes toute seule dans ta chambre, l'ennui pourrait
te gagner, au lieu qu'avec moi....

ROSE.
Il ne me quittera pas.

BEZOARD.
Que faisais-tu ?

ROSE.
Je lisais.

BEZOARD.
Ma dissertation sur les gnomes ; celle sur les es-
prits follets.

ROSE.
Non , Monsieur.

BEZOARD.
Air : *C'est du bien que l'on en dit.*
Une femme n'a pas besoin
D'une science trop abstraite ,
Car pour elle le premier soin
C'est son amour et sa toilette.
Messieurs, afin de vous charmer
L'étude n'est pas nécessaire..
Le ciel nous donna l'art d'aimer,
L'amour nous apprit l'art de plaire.

Tu connais trop bien l'art de plaire, friponne: apprends donc celui d'aimer.

ROSE.

Les dispositions me manquent bien moins qu'un maître.

BEZOARD.

Tu oublies donc que je t'adore.

ROSE.

Si je l'avais oublié, je vous aimerais davantage.

BEZOARD.

Que puis-je faire de plus pour toi ?

ROSE.

Rien en grilles et verroux.... mais tout en agrémens; vous ne me procurez jamais la moindre promenade.

BEZOARD.

Je m'en garderai bien, il pleut des pierres.

ROSE.

Pas la moindre distraction...

BEZOARD.

Je fais tous les jours des expériences.

ROSE.

Qui nous enterrent dans le charbon.

BEZOARD.

Je brûle comme lui.

ROSE.

Et vous me paraissez aussi noir.

BEZOARD.

Je vois que je ne te prends pas dans un moment favorable à une élaboration de sentimens; aussi je vais à mes fourneaux, pour revenir dans un moment plus propice, où la corne de tes faveurs voudra bien jeter la quintessence de tes bonnes graces dans le chapiteau de mon espoir... Adieu, petite méchante.

SCENE VII.

ROSE, *seule*.

LE voilà parti, oh, le vilain homme! il est aussi ennuyeux avec sa science qu'avec son amour. Quelle différence entre lui et Sainville! Pourquoi faut-il que je n'aye plus l'espérance de le revoir..... Pour me consoler, chantons la romance qu'il m'a faite.

ROMANCE.

AIR : *Cachez la femme sous les roses.*

Un jour une tendre fauvette
Fut prise par un oiseleur,
Et dans sa cage la pauvrette
Ne chanta plus que son malheur :
Comme elle je suis prisonnière
D'un jaloux et sombre tuteur ;
Au ciel adressant ma prière,
Je demande un consolateur.

SCENE VIII.

ROSE, SAINVILLE,

SAINVILLE.

J'ENTENDS la voix qui m'est si chère
Dans ces lieux Rose est en prison :
Oui, j'ai dévoilé le mystère
Qu'exprimait sa douce chanson.
Amour, viens seconder mon zèle ;
Brise les verroux d'un tuteur,
Et guide-moi près de ma belle,
Pour être son consolateur.

ROSE.

Qu'ai-je entendu? c'est la voix de Sainville!

SAINVILLE.

Oui, ma chère Rose, l'amour m'a fait entreprendre un projet bien hardi... pourtant j'espère réussir.

ROSE.

Sainville, comment avez-vous fait pour parvenir jusqu'ici?

SAINVILLE.

Votre tante, persuadée de la sincérité de mes sentimens, m'a appris la demeure de M. Bezoard votre tuteur, mais elle m'a enjoint de ne pas chercher à y pénétrer, dans la crainte d'éveiller ses soupçons. Aussitôt j'ai loué cette maison voisine de la vôtre, dans l'espérance de vous voir et de concerter avec vous quelque moyen de vous tirer des mains de ce maudit tuteur.

R O S E.

Air : *Du vaud. de la Matrone d'Ephèse.*

Avec adresse,
De ce jaloux
Déjouons la folle tendresse:
Avec adresse
Parons ses coups,
Et méprisons son vain courroux

S A I N V I L L E.

Dieu d'amour fais cesser nos peines,
Allumes pour moi ton flambeau.

R O S E.

Un barbon veut rompre nos chaînes,
Couvre ses yeux de ton bandeau.

E N S E M B L E.

Avec adresse, etc.

R O S E.

Dites-moi, Sainville, par quel moyen vous espérez me rendre à la liberté ?

S A I N V I L L E.

Je ne puis vous l'expliquer de si loin, j'ai peur d'être entendu de vos surveillans ; soyez seulement attentive à ce que je ferai, secondez-moi de tout votre pouvoir et ne paraissez surprise de rien.

R O S E.

Comptez sur moi.... Vîte, retirez-vous, voici mon tuteur.

____

S C E N E I X.

B E Z O A R D , A L K A L I N , R O S E

B E Z O A R D.

Tu es seule, il m'avait semblé entendre parler, et je venais pour m'en assurer.

R O S E.

Oh ! mon Dieu, monsieur, je parlais toute seule.

B E Z O A R D.

J'avais cru cependant.

A L K A L I N.

C'est l'écho que vous aurez entendu.

B E Z O A R D.

C'est possible, mais occupons-nous d'autre chose;

j'ai quelques petites observations à faire dans cet endroit, le tems est assez favorable et je vais m'établir ici.

ROSE, (*à part.*)

Ah! mon Dieu, est-ce qu'il saurait que Sainville est là.

BEZOARD.

Alkalin, va me chercher ma lunette.

ROSE.

Mais, monsieur, vous seriez mieux dans un endroit plus élevé.

BEZOARD.

Point du tout, je suis ici à merveille pour découvrir ce qui m'intéresse.

ROSE, (*à part.*)

Oh! c'est sûr, il sait tout.

ALKALIN.

V'là votre petite lunette.

BEZOARD, (*désignant la maison de Sainville.*)

Bon! tiens, regarde par ici. N'est-ce pas de ce côté que tu m'as dit l'avoir vu?

ALKALIN.

Oui, not'maître, mais il a passé, et il doit être à présent par là.

BEZOARD.

L'as-tu vu, toi, Rose?

ROSE.

Non, monsieur, je vous assure.

BEZOARD.

Oh! je crois bien, tu n'est pas curieuse de ces choses-là.

ROSE.

Mais de quoi parlez-vous donc.

BEZOARD.

De ce gros nuage noir qui semblait se diriger vers nous.

ROSE, (*à part*).

Ah! je respire, je croyais qu'il s'agissait de Sainville. (*Haut.*) Monsieur, occupez-vous à votre aise de vos météories, je vais vous laisser en repos.

B E Z O A R D.

Au contraire, reste avec nous cela t'amusera.

R O S E.

Je vous remercie, je me retire dans mon appartement. (*A part.*) Allons à ma fenêtre, voir si Sainville paraîtra.

SCÈNE X.

B E Z O A R D; A L K A L I N.

A L K A L I N.

Ah! monsieur, voilà encore un autre nuage tout là bas, je crois qu'il vient par ici.

B E Z O A R D.

Il est encore loin, nous avons le temps d'attendre.

A L K A L I N.

Monsieur, je voudrais bien devenir aussi savant que vous.

B E Z O A R D.

C'est déjà beaucoup d'en avoir l'envie.

A L K A L I N.

Je voudrais que vous me donnassiez à lire quelques-uns de vos livres.

B E Z O A R D.

Très-volontiers.... Qu'as-tu déjà lu.

A L K A L I N.

AIR: *Mes bons amis.*

D'abord je pris,
Lorsqu'à lire j'appris, '
La croix de Jesus, c'est l'usage ;
Lorsqu'au parfait
Je sus mon alphabet,
J'eus le rudiment en partage,
Peau d'âne et P'tit poucet,
Dont chacun me plaisait,
Me fit montrer une humeur plus docile.
Mais depuis ce temps là j'ai lu
Et j'ai toujours bien retenu,
La civilité puérile.

B E Z O A R D.

Tout cela n'est rien, et je ne m'étonne plus de ton ignorance.

A L K A L I N.

Ah! j'ai encore lu dans les petites affiches l'élo-
ge du tabac et de la moutarde par un ci-devant
Fermier Général.

B E Z O A R D.

A propos, donne-m'en une prise.

A L K A L I N.

De moutarde....

B E Z O A R D.

Imbecille ! (*Il prend une prise.*) Je te ferai lire
Fontenelle ; voilà un auteur, c'est celui-là que j'ai
le plus consulté. (*Il éternue.*) Ahi! ahi!

A L K A L I N.

C'était un bien grand homme que ce Fontenelle,
n'était-il pas Romain ?

B E Z O A R D.

Non ! il était Français, hé! hé!

A L K A L I N.

C'est égal il était Grec toujours.

B E Z O A R D.

Hi ! hi ! l'honneur de son siècle. (*Il éternue encore.*) Ho ! hu !

A L K A L I N.

Vous éternuez, *a. e. i. o. u,* comme si vous aviez
les cinq voyelles dans le cerveau.

B E Z O A R D.

Son livre des Mondes est une merveille.

Air : *Si Pauline, etc.*

Il a su quittant notre sphère
Pour ces célestes régions ,
Parcourir le vaste atmosphère ;
S'élancer dans les tourbillons.
Si ces découvertes profondes
Doivent rendre un homme fameux,
Par son livre, l'auteur des Mondes,
Sans doute doit vivre autant qu'eux.

A L K A L I N.

J'entends, quoiqu'çà vous conviendrez que son
immortalité ne lui rendra pas la vie bien agréable.

BEZOARD.

AIR : *De la Soirée orageuse.*

Conviens donc qu'il est très flatteur,
Pour un savant, pour un artiste,
D'être immortel.

ALKALIN.

Mais ce bonheur
Est un avantage fort triste.
Qu'm'importe, après mon trépas
D'aller au Temple de mémoire ;
J'aim'mieux vivre un jour ici bas,
Que quatre mille ans dans l'histoire.

BEZOARD.

Que tu as l'esprit populace, mon cher Alkalin ! je vois bien que tu ne descends pas de quelqu'être bien organisé ; car comme je t'ai fait connaître dans mes leçons précédentes, nous avons tous été autre chose que ce que nous sommes.

ALKALIN.

Vous tenez bien à ce système de la Métempsycose.

BEZOARD.

J'en reviens toujours à mes moutons.

ALKALIN.

Pour tomber sur vos pattes... Dans le fait, c'est un drôle de système.

AIR : *Du vaudeville de Claudine.*

Sa loi, dit-on, nous condamne
A prendre un corps d'animal.

BEZOARD.

Tu sors peut être d'un âne.

ALKALIN.

Vous, peut être d'un cheval.
Mais lorsque de mainte femme,
J'entends l'éternel caquet ;
Moi, je pense que son âme
Vient du corps d'un perroquet.

BEZOARD.

Je vois quelque chose dans l'athmosphère.

ALKALIN.

Oui, oui, c'est mon nuage, il est d'une drôle de forme, il nous pronostique quelque chose de nouveau.

BEZOARD.

Je vais l'examiner au télescope. Toi, reste ici, tu me feras part de tes observations. (*Il sort.*)

SCENE XI.

ALKALIN, *seul.*

QUELLE invention que ce télescope! çà vous rapproche des autres malgré l'insuffisance du chemin,.. La pensée d'un amoureux n'vole pas plus vite au-devant de celle de sa maitresse que l'œil d'un phiosophe n'a fait avec son télescope le chemin de la grande Ourse....A propos de grande Ourse, Mamselle Rose m'avait chargé de dire à M. Bezoard, qu'elle voulait avoir aussi un télescope chez elle.. C'est peut-être pour découvrir un amoureux dans les environs...Ma foi que sait-on, les jeunes filles ont leur astrologie à elle....

SCENE XII.

ALKALIN, *au milieu du théâtre*, ROSE, *à sa fenétre*, SAINVILLE, *derrière la sienne.*
On entend Sainville, derrière sa fenétre chanter le refrein de la romance.
AMOUR je viens près de ma belle
Pour être son consolateur.

ROSE, *à sa fenêtre.*

J'ai entendu la voix de Sainville, soyons attentive et tâchons de lui faire tenir mon billet par le moyen que j'ai inventé.

ALKALIN.

Il est sûr qu'il y a quelque chose en l'air, ne bougeons pas de là.

SAINVILLE.

A toi, ma chère Rose, ce messager t'instruira de mes projets.

ROSE.

Je vois que l'amour nous a inspiré la même idée.

SAINVILLE.

Deux cœurs amoureux savent si bien s'entendre.

ROSE.

A toi.

SAINVILLE.

A toi.

(Ils lancent chacun une pierre à laquelle est at-
taché un billet; mais elles viennent toutes deux
tomber sur Alkalin.

ALKALIN, *criant.*

Aye ! aye !.... (*Il cherche ce qui vient de lui*
tomber sur le dos.

ROSE.

Nous sommes perdus.

SAINVILLE.

Ne crains rien, je vais tout réparer.

SCENE XIII.

ALKALIN, *seul.*

LE phénomène vient de recommencer, il pleut
des pierres. Not'maître ! M. Bezoard !...... accourez
vîte.

SCENE XIV.
ALKALIN, BEZOARD.

BEZOARD.

EH bien ! qu'est-ce ? qu'y a-t-il ?

ALKALIN.

Des pierres qui tombent du ciel ! j'ai été assez
heureux pour les recevoir sur le dos.... Quand j'ai
vu c'a, je les ai ramassées de suite.

AIR : *A Paris, et loin de sa mère.*

 Sitôt que je sentis ces pierres,
 Qui me tombaient dessus le dos,
 Au ciel j'adressai mes prières,
 Quoiqu'elles vinss'de m'rompre les os :
 Aussitôt plein d'un zèle extrême,
 Les ramassant bien satisfait,
 Je viens les offrir à vous-même.
 N'ai-je, n'ai-je, n'ai-je, n'ai-je pas bien fait?
  N'ai-je pas bien fait ? (*bis*)

BEZOARD.

Donne vîte que j'examine ces pierres précieuse :
que vois-je ! des écrits y sont attac és.

ALKALIN.

Ce sont peut être des étiquettes de quelque savant de la Lune, ou bien des hiéroglyphes.

BEZOARD, *ouvrant un billet.*

Voyons ce que c'est.

ALKALIN, *ouvrant l'autre.*

Oui, voyons.

BEZOARD.

Dieu! un billet de Rose.

ALKALIN.

Ciel! un billet de Sainville.

BEZOARD, *lisant le billet.*

Mon tuteur est un bourru.... un bourru!

ALKALIN, *lisant le billet de Sainville.*

Votre tuteur est un tyran.

BEZOARD, *lisant.*

Venez me délivrer de ses mauvais procédés.

ALKALIN, *lisant.*

Il me sera aisé de vous tirer de ses mains.

BEZOARD, *lisant.*

Il est servi par un imbecille....

ALKALIN.

Qu'est-ce que vous dites donc?....(*Il lit.*) C'est un sot qu'il sera facile de duper.

BEZOARD.

Un sot!

ALKALIN.

Un imbecille! Il me semble, monsieur, que notre réputation n'est pas trop bien établie dans le Ciel.

BEZOARD.

Ne vois-tu pas que nous sommes joués.....Mais un bon averti en vaut deux, et la rebelle sera plus enfermée que jamais.

ALKALIN.

Se servir d'un pareil moyen. Prendre de vieilles murailles pour ses chevaux de poste.

BEZOARD.

J'en aurai raison. Rose! Rose!

ALKALIN.

Nous allons voir ce qu'elle va dire, elle ne s'attendait pas qu'en jetant des pierres en l'air, ç'à lui retomberait sous le menton.

BEZOARD.

Arrivez donc, mademoiselle.

SCENE XV.

BEZOARD, ROSE, ALKALIN.

ROSE.

ME voici, monsieur, que desirez-vous de moi?

BEZOARD.

Un peu plus de respect pour ma personne et pour vous-même.

ROSE.

Je ne crois pas en avoir jamais manqué.

ALKALIN.

Voyez-vous? on la prend sur le fait : mon dos en est témoin, et elle croit que je n'ai rien vu.

ROSE.

Que voulez-vous dire?

BEZOARD.

Cette lettre m'apprend que M. Sainville a l'intention de vous tirer de mes mains, mais je le mets au défi.

ROSE, (à part.)

Il m'apprend lui-même ce qu'il devrait le plus me cacher.

BEZOARD.

Oui, mademoiselle, votre dernière incartade, m'éclaire sur mes interêts et les vôtres : chargé par le testament de feu votre père d'une autorité sans bornes, je vais pour votre bien vous faire renfermer dans le donjon de ma maison, jusqu'au temps où je me serai assuré que ce M. Sainville, que je vais tâcher de connaître, ne puisse plus faire de tentatives.

ALKALIN.

Vous dites dans le donjon not'maître?

B E Z O A R D.

Et oui, dans cette tour qui me sert d'observatoire.

A L K A L I N.

Ah ! j'entends, c'est le pigeonnier.

R O S E.

Dieux ! comment instruire Sainville ?

B E Z O A R D.

Point de raisonnement. C'est toi que je charge d'exécuter mes ordres. (*On sonne.*)

A L K A L I N.

Not'maître, on sonne, faut-il laisser là, mam'selle ?

B E Z O A R D.

Va voir qui c'est avant de l'emmener.

R O S E.

Ah ! si c'était Sainville.

S C E N E X V I ET DERNIÈRE.

R O S E, B E Z O A R D, S A I N V I L L E, A L K A L I N.

A L K A L I N.

Donnez-vous la peine d'entrer, M. Bezoard est là....Monsieur, c'est le savant de tantôt.

S A I N V I L L E.

Monsieur, je vous fais mes excuses si je vous dérange, mais vous me pardonnerez facilement quand vous saurez que le même objet nous occupe tous deux.

B E Z O A R D.

Le même objet ?

S A I N V I L L E.

Oui ! Monsieur, je suis envoyé dans votre département par une des plus savantes sociétés de l'Europe, pour y dresser un procès-verbal sur le phénomène nouveau.

R O S E, (*à part.*)

C'est Sainville.

B E Z O A R D.

Monsieur, je suis enchanté de vous recevoir, c'est vous qui avez trouvé la pierre philosophale.

SAINVILLE.

Monsieur, j'étais bien près d'obtenir de mes travaux un résultat satisfaisant, lorsqu'un maudit incident est venu mettre obstacle à mes desseins.

BEZOARD.

Il ne faut pas vous décourager, monsieur.

SAINVILLE.

Aussi espéré-je encore, et j'ose croire que ce n'est pas envain, c'est chez vous, monsieur, qu'il est tombé des pierres ?...

ALKALIN.

Oui, monsieur, mais elles ne tombent pas du ciel.

BEZOARD.

Paix donc: monsieur, ce n'est pas positivement chez moi, mais dans la ville et dans ses environs.

SAINVILLE.

Comme vous êtes un des savans les plus recommandables de cette ville, vous ne refuserez pas, pour rendre mon procès verbal plus authentique, de me faire l'honneur de le signer, avant que je ne le fasse imprimer.

ALKALIN.

Que de gloire pour nous! nous allons être incarcérés dans les journaux.

BEZOARD.

Je me ferai un plaisir, monsieur, d'attester qu'il a plû des pierres à l'Aigle.

ALKALIN.

Je signerai aussi le procès-verbal, si vous voulez.

BEZOARD.

Mais, monsieur, puisque vous arrivez de Paris, ne pourriez-vous pas m'en donner quelques nouvelles, je suis grand amateur de choses curieuses ?

SAINVILLE.

En ce cas j'ai dequoi vous satisfaire.

AIR : *de la Croisée.*

Nous avions deux nains....

BEZOARD.

Mais vraiment
De nains Paris n'est pas avare.

SAINVILLE.

Nous avons toujours le géant.

ROSE.

Cependant un grand homme est rare.

SAINVILLE.

L'Espagnol que l'on met au feu.....

BEZOARD.

Monsieur, la chose est impossible;
Près de nos dames l'on voit peu ,
Un homme incombustible.

ALKALIN.

AIR : *Du Panorama.*

Les ballons sont–ils à la mode ?

SAINVILLE.

Ma foi, le vent n'est pas pour eux.

BEZOARD.

Le parachute était commode ,

SAINVILLE.

Oui, pour les auteurs malheureux.
Des jardins le goût prend naissance
Partout on en voit s'aligner....

ALKALIN.

Pas assez , pour tous ceux je pense
Qu'on peut envoyer promener.

BEZOARD.

Quel plaisir d'habiter une grande ville!

ALKALIN.

Sans doute, dans une capitale majeure , on est au
courant, au lieu qu'ici nous n'avons que l'journal
d'Évreux.

SAINVILLE.

Est-ce qu'il ne paraît pas exactement ?

ALKALIN.

Oh si fait;on est à la minute dans le département
de l'Eure.

SAINVILLE.

Ces digressions nous ont fait perdre de vue le mo-
tif de ma visite; mes momens sont comptés et je
suis très-pressé de partir, il faut cependant que vous
me fassiez le plaisir de signer mon procès verbal.

BEZOARD.

Donnez, monsieur, je le signe aveuglément.

S A I N V I L L E.

Vous vous en rapportez donc à moi pour la pré-
cision des articles , et la véracité des faits?

B E Z O A R D.

Comment donc! certainement. (*Il signe.*) Je suis
fâché que vous soyez si pressé, je vous aurais en-
gagé à passer quelques jours avec nous.

S A I N V I L L E , *serrant le papier.*

Je ferai là-dessus ce que ma future épouse voudra.

B E Z O A R D.

Que voulez-vous dire?...votre future époue !

S A I N V I L L E.

Je n'ai pas besoin de feindre plus long-temps,
monsieur, je suis Sainville, le prétendu procès verbal est une promesse de mariage que vous venez de
signer en ma faveur , et grace à laquelle j'espère
m'unir promptement à ma chère Rose.

B E Z O A R D.

Comment monsieur, cette prétendue pierre philosophale ?

S A I N V I L L E.

Je l'ai trouvée, monsieur, si la pierre philosophale
est le bonheur, car je ne puis manquer de l'avoir
en m'unissant à ma chère Rose.

B E Z O A R D.

Mais, moi....

S A I N V I L L E.

Elle ne vous aimait pas, vous n'auriez pas été
heureux avec elle, consolez-vous en sage et restez
garçon, c'est pour vous la pierre philosophale.

A L K A L I N.

Monsieur, si vous payiez mes gages, ce serait la
mienne à moi.

B E Z O A R D.

Me jouer de la sorte !

R O S E.

Vous conviendrez, monsieur, que vous le méritez.

B E Z O A R D.

Vous étiez d'accord avec lui. Vous êtes une perfide.

(24)

A L K A L I N.

Elles sont toutes comme c'à c'l'année.

B E Z O A R D.

Je maudis l'amour.

S A I N V I L L E.

Vous vous consolerez avec les sciences.

B E Z O A R D.

Il faut bien faire de nécessité vertu, mais je jure qu'on ne m'y prendra plus.

A L K A L I N.

Vous êtes comme le corbeau de la fable, vous jurez un peu tard, mais si vous avez une pupille l'année prochaine, gardez-la mieux.

B E Z O A R D.

Ah! mon ami, je crois que le moyen de garder une jeune fille qui ne nous aime pas, est une pierre philosophale qu'on ne trouvera pas encore de long-temps.

V A U D E V I L L E.
AIR: De l'Asthénie.
S A I N V I L L E.

Jadis dans une tour d'airain,
Aux pleurs Danaé fut livrée :
Jupiter fit pleuvoir soudain
De l'or : la voilà délivrée.
Captive comme elle en ce jour,
Rose, m'adressa ses prieres ;
Et pour la délivrer l'Amour
Au lieu d'or fit pleuvoir des pieres.

A L K A L I N.

Dans maint endroit depuis long-temps,
On peut voir sans beaucoup d'finesse,
Qu'il pleut des sots, des importans,
Des ennuyeux de toute espèce
De ces fâcheux en vérité,
Il nous pleut des nuées entières ;
Ah pour le bien de l'humanité
Il m'eut plus plu, qu'il plût des pierres.

R O S E.

Nos auteurs tremblent tous les deu,
En vous présentant cet ouvrage,
Qu'un critique mordant contre eux,
Ne fasse naître quelqu'orage.
Ils en craindroient fort les effets,
Veuillez écouter leur priere
Et pour les rendre satisfaits
N'allez pas leur jetter la pierre.

F I N.